Bibliographic information published by the German National Library:

The German National Library lists this publication in the National Bibliography; detailed bibliographic data are available on the Internet at http://dnb.dnb.de .

Imprint:

Copyright © 2008 GRIN Verlag, Open Publishing GmbH
Print and binding: Books on Demand GmbH, Norderstedt Germany
ISBN: 978-3-656-48799-9

This book at GRIN:

http://www.grin.com/fr/e-book/113320/la-france-et-ses-regions-la-franche-comte-le-secteur-automobile

O. Amoretti

La France et ses régions: La Franche-Comté. Le secteur automobile.

GRIN Publishing

GRIN - Your knowledge has value

Since its foundation in 1998, GRIN has specialized in publishing academic texts by students, college teachers and other academics as e-book and printed book. The website www.grin.com is an ideal platform for presenting term papers, final papers, scientific essays, dissertations and specialist books.

Visit us on the internet:

http://www.grin.com/

http://www.facebook.com/grincom

http://www.twitter.com/grin_com

Institut de Langues Romanes

Séminaire de français

2007/2008

La France et ses régions

LA FRANCHE-COMTE

LE SECTEUR AUTOMOBILE

Omar Amoretti

Table des matières

1. Introduction

La France est, parmi tous les grands états européens, le plus anciennement constitué, autour d'un domaine royal. Actuellement, la France est la sixième puissance économique mondiale avec une économie de type capitaliste qui coexiste avec une intervention étatique depuis la fin de la Seconde Guerre mondiale.

Concernant le niveau et développement industriel, la France occupe la quatrième position comme exportateur mondial (tous produits inclus) malgré le fait qu'elle ne contrôle le système productif, mais les pays qui produisent les machines-outils. Particulièrement, le secteur automobile a réussi à se constituer comme un champion à l'échelle internationale.

En outre, la France possède 71 pôles de competitivités, dont six sont 'mondiaux'. La notion de technopoles, à l'instar du Japon, a été la génératrice principale de cette définition grâce à laquelle 9000 chercheurs travaillent de nos jours sur environ 1000 projets labellisés.

Ce travail veut présenter la région Franche-Comté : sa géographie et son histoire, ses atouts dans le contexte économique français et plus spécialement le secteur automobile par rapport aux concurrents européens, entre autres. Il faut tout d'abord se concentrer sur le plan socio-économique, et ensuite proposer un point de vue différent sur cette région française, au-delà des simples données historiques ou statistiques : on cherche à d'identifier la Franche-Comté comme acteur indépendant et entrepreneur stratégique dans le monde de l'automobile.

En ce sens, ce travail traite de façon plus approfondie le développement de la filière automobile Alsace – Franche-Comté et sa situation actuelle en considérant le pôle de compétitivité 'le véhicule du futur' et son rôle primordial pour l'industrie française. Finalement, on exposera des conclusions et mettra en évidence les tendances reconnues dans ce secteur industriel dans les dernières années.

2. La France et la région Franche-Comté

2.1. Géographie

La Franche-Comté est une petite région située dans le Nord-Est de la France.

La région administrative de la Franche-Comté réunit quatre départements : le Doubs, le Jura, la Haute-Saône et le territoire de Belfort. Elle est composée de 1786 communes représentant 3% du territoire français. Sa population constitue, au contraire, seulement 1,8% de la population totale en France (2006). La capitale régionale, Besançon, est la première ville de la région en termes de population et se trouve à environ 400 km. de Paris.

La Franche-Comté est la première région française par le poids de l'industrie dans la valeur ajoutée (32 % en 2002 contre 22 % en France).

En termes géographiques, la région est caractérisée par des zones montagneuses : les Vosges au nord de la région, les Alpes au sud de la chaîne de montagnes du Jura sont des exemples connus.

2.2. Histoire

Le nom de Franche-Comté n'apparut officiellement qu'en 1366 ; avant cette date on parlait du comté de Bourgogne, qui appartenait au Saint Empire romain germanique. Avec l'extinction des comtes de Bourgogne (branche masculine), le comté va subir des diverses influences. A titre d'exemple ont peut mentionner le duché de Bourgogne (Espagne). La phase de prospérité pendant la période espagnole trouve sa fin à cause de la guerre de Dix Ans (1634-1644). Le comté de Bourgogne reste espagnol, mais plus tard Louis XIV le revendique. Quelques années plus tard, en 1678, la Franche-Comté devient définitivement française grâce au Traité de Nimègue.

Pendant la Révolution française, la région Franche-Comté est divisée en trois départements le Doubs, le Jura, la Haute-Saône. C'est en 1922 que le Territoire de Belfort devient le quatrième département franc-comtois. Au cours de la Seconde Guerre Mondiale, la présence de la région franc-comtoise est accentuée par des maquis, c.à.d. par des mouvements d'opposition (1940-1944)

2.3. Indicateurs économiques clés : Principaux Secteurs de l'industrie franc-comtoise

L'industrie franc-comtoise est caractérisée par une forte concentration des effectifs dans deux activités dominantes : l'automobile et le travail des métaux, qui rassemblent 45 % des emplois salariés. Certes, la spécialisation de certaines zones d'emplois conduit inévitablement à une répartition géographique inégale de l'industrie. Un cas pratique : Besançon, la zone d'emploi la plus diversifiée de la région, regroupe 17 % de l'emploi industriel et s'oriente principalement vers les microtechniques.

Néanmoins, l'industrie franc-comtoise ne se limite pas à ces deux secteurs : la fabrication de machines et équipements, la plasturgie, la filière bois et les microtechniques constituent des industries majeures à fort potentiel de croissance.

Afin de donner un aperçu sur la répartition des activités des sociétés en Franche-Comté, il convient de présenter le tableau suivant :

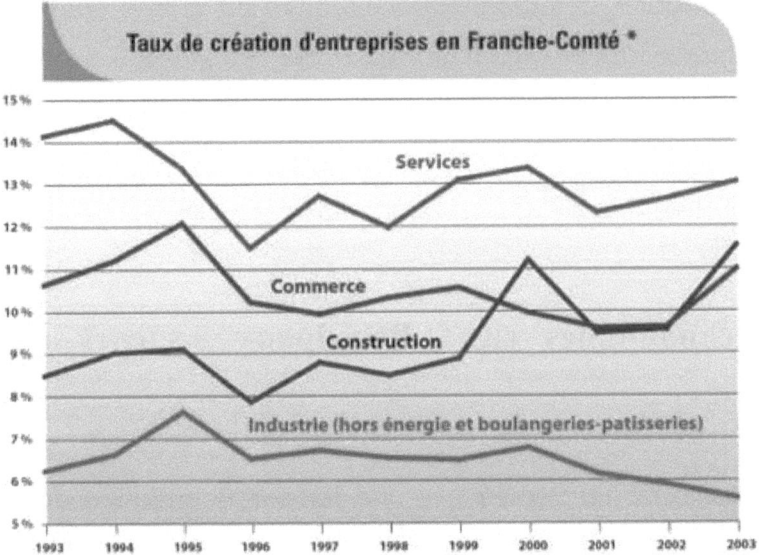

Taux de création d'entreprises en Franche-Comté *

* Taux de création d'entreprises : rapport (en %) entre le nombre d'entreprises créées
au cours d'une période donnée (ici l'année) et le stock d'entreprises actives au début
de la période de référence

Source : Institut National de la Statistique et des Études Économiques (INSEE).
Franche-Comté -Visage Industriel 2005.
http://www.insee.fr/fr/insee_regions/f-comte/publi/visageindustriel/francais/accueil.htm

C'était dans le gouvernement de Jean-Pierre Raffarin que 105 pôles de compétitivité[1] se sont portés candidats dans les domaines de biotechnologies, microélectronique, etc. (technologiques en émergence). Parmi les 66 pôles retenus, quatre d'entre eux -avec un rayonnement mondial- se situent en Ile-de-France et en Rhône-Alpes.

Depuis 2005, trois pôles de compétitivité sont présents en Franche-Comté (en partenariat avec une autre région française):

- 'Véhicule du futur' (Alsace - Franche-Comté)
- 'Pôle des microtechniques'[2] (Franche-Comté)
- 'Pôle plasturgie' (Rhône-Alpes - Franche-Comté)

---

[1] « Un pôle de compétitivité est une combinaison, sur un espace géographique donné, d'entreprises, de centres de formation et d'unités de recherche publiques ou privées engagés dans une synergie autour de projets communs... » . Définition donnée par Délégation interministérielle à l'aménagement et à la compétitivité du territoire (DIACT)

[2] Les microtechniques ne se rattachent pas forcement à un type d'industrie unique. Elles représentent une activité pluridisciplinaire au niveau industriel et scientifique.

Le gouvernement a décidé, en plus, de consacrer 500 millions d'euros par an de 2006 à 2008 : le but principal reste dans la R&D industrielle, cœur de la stratégie des pôles de compétitivité. Ce thème, par ailleurs, va être traité en détail dans les pages suivantes.

En termes de capital humain, ce graphique montre les zones ciblées par les investisseurs et la distribution des effectifs dans la filière automobile Alsace – Franche-Comté

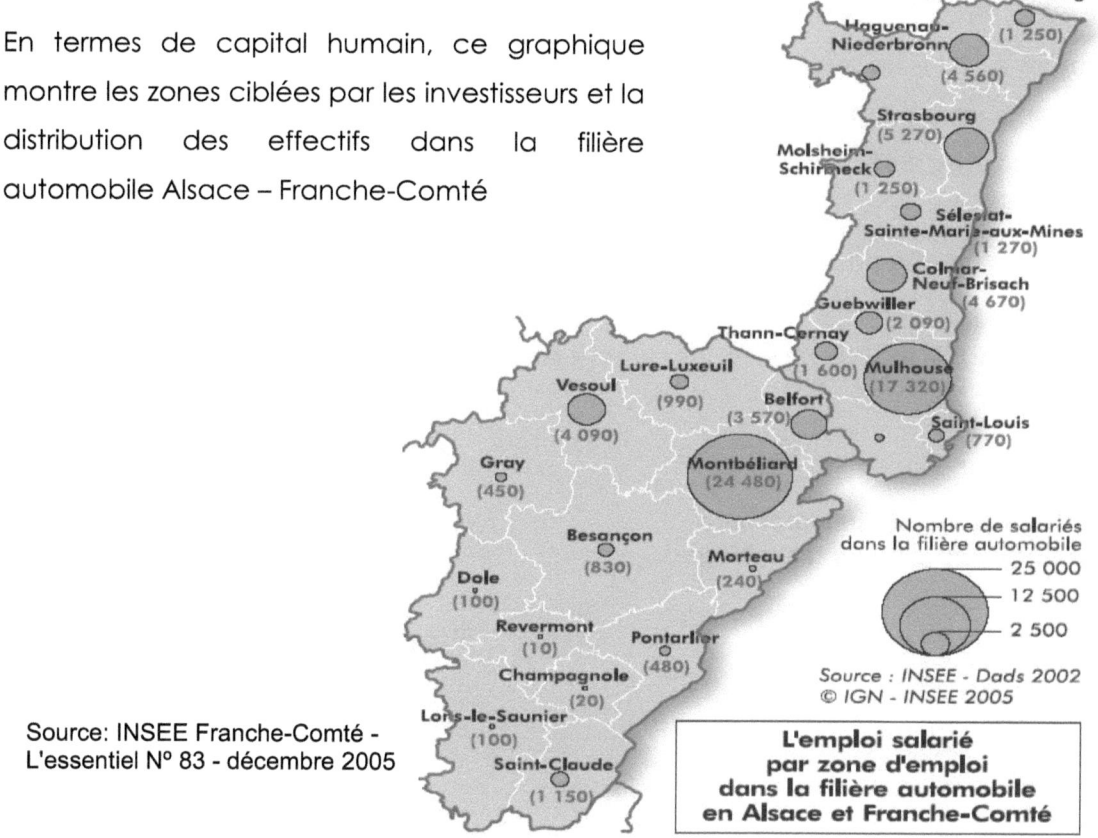

Source: INSEE Franche-Comté - L'essentiel N° 83 - décembre 2005

2.4. Recherche et développement (R&D)

Après avoir examiné l'industrie franc-comtoise, il est maintenant nécessaire de considérer le poids de la R&D. En 2003, 530 millions d'euros ont été investis par la Franche-Comté dans la R&D, autrement dit 2,1% de son PIB. Les efforts financiers et humains consentis à la R&D place la région au cinquième rang national. Concernant les sources de financement, la Franche-Comté occupe (avec 86% des dépenses de R&D) la première place en France dans la recherche privée. De la même façon, 8 emplois sur dix se consacrent dans des grandes entreprises à la recherche privée.

Le tableau figurant ci-dessous montre les dépenses totales de la Franche-Comté dans des différentes technologies

**La Franche-Comté très présente
sur la moyenne-haute technologie**

	Franche-Comté	Province (1)	France métropolitaine (1)
DIRD* 2003 (en millions d'euros)			
haute technologie	24	248	439
moyenne-haute technologie	**403**	154	295
moyenne-faible technologie	10	69	75
faible technologie	11	31	30

(1) y compris la Corse
Sources : ministère de L'Éducation nationale, de l'Enseignement Supérieur et de la Recherche. Publié dans L'essentiel N° 91 - octobre 2006

* dépense intérieure de recherche et développement

3. Le marché de l'automobile

3.1. Le marché européen

Puisque nous venons d'analyser la Franche-Comté d'une manière globale, on estime important de faire référence aux concurrents dans le marché européen.

L'industrie automobile est dominée par trois grands pôles de production et de consommation: l'Europe de l'Ouest, l'Amérique du Nord et le Japon : ils représentent 75 % de la production mondiale de véhicules automobiles (légers et utilitaires) et des immatriculations de véhicules neufs.

Le marché européen est le marché le plus concurrentiel et développé du monde. Particulièrement, on y trouve tous les constructeurs automobiles. Le marché japonais est, contrairement au cas européen, très fermé aux constructeurs étrangers. Les constructeurs américains, de leur part, dominent leur marché national.

Les entreprises appartenant à la filière automobile française ont certainement des volontés d'évolution, qu'elles mettent en œuvre par l'innovation des produits, le transfert du savoir-faire et la flexibilité face à les exigences des consommateurs. Toutefois, on remarque des obstacles dans la chaîne d'approvisionnement/distribution comme par exemple :

- Les conditions d'accueil défavorables (les avantages fiscaux et l'accessibilité au marché)
- Le manque de filières adaptées ou partenaires stratégiques
- Des difficultés dues aux lois sociales

3.1.1. L'Allemagne

La filière de la sous-traitance automobile en Allemagne est la première d'Europe. Ce pays est d'ailleurs le premier exportateur mondial d'automobiles, pour lequel on estime une croissance nette de 9,6% pour la période 1999-2004.

Concernant les coûts de production, la main-d'œuvre est chère. Depuis 1990, de diverses initiatives ayant pour but la réduction des coûts et la restructuration de processus de fabrication, ont favorisé la délocalisation de la production.

3.1.2. L'Espagne

Son premier atout réside dans le faible coût de la main-d'œuvre. C'est son industrie équipementière qui lui permet de rivaliser avec les autres pays européens.

Plusieurs entreprises de petite taille ont apparu à cause de l'éclatement du secteur de la sous-traitance, encouragées aussi par l'implantation de Nissan. Malheureusement, il manque le poids financier et la technologie haut de gamme pour rester compétitif en relation avec les grands équipementiers.

3.1.3. La Pologne, la Hongrie et la République Tchèque

Depuis 1997, ces pays ont subi de profonds changements structurels grâce aux investisseurs étrangers. De nombreuses fusions et acquisitions ou alliances entre fabricants ont eu lieu, ce qui a permis de moderniser la sous-traitance automobile et devenir la cible des constructeurs européens.

3.2. Le marché français

L'industrie automobile, qui comprend les constructeurs et équipementiers, emploie directement près de 365000 personnes et génère 270000 emplois par ses achats aux autres branches. Cela représente 2,3% de l'emploi et 3,3% de la production en France.

La production du secteur automobile français sur le territoire national a augmenté entre 1993 et 2000 à un rythme constant (+ 9,3% par an) pour diminuer entre 2001 et 2004 (0,6% par an). Dans le contexte européen, la situation du secteur en question s'est montrée aussi défavorable pour le Royaume-Uni (à partir de 2005), l'Allemagne (en 2005) et l'Italie (en 2006).

Il existe, certes, des difficultés qui reflètent des pertes de parts de marché intérieures et extérieures : +1,3% en 2004, +2,7% en 2005 et -2,0% en 2006. Néanmoins, la demande s'est portée sur les marques étrangères au détriment des marques nationales. Plusieurs facteurs jouent un rôle décisif : la baisse du prix des importations automobiles par rapport aux prix de la production intérieure témoigne la perte de compétitivité-prix. Parallèlement, les constructeurs allemands ont amélioré leur position due à la réduction des coûts salariaux. Les japonais, en plus, ont profité de la dépréciation du yen. Pour affronter cette situation, les groupes français ont dû abaisser considérablement leur taux de marge opérationnel.

Dans le contexte conjoncturel, la demande des consommateurs porte surtout sur les voitures économiques ou sur les modèles sportifs. Cette tendance va contre la production milieu de gamme menée par les producteurs français les dernières années ; cela explique le déclin de leur part de marché.

Finalement, la localisation de nouvelles filières de production dans les régions émergentes – Europe orientale, Amérique latine et Chine- permet de bénéficier de bas coûts de production en raison de la proximité de marchés locaux à forte expansion.

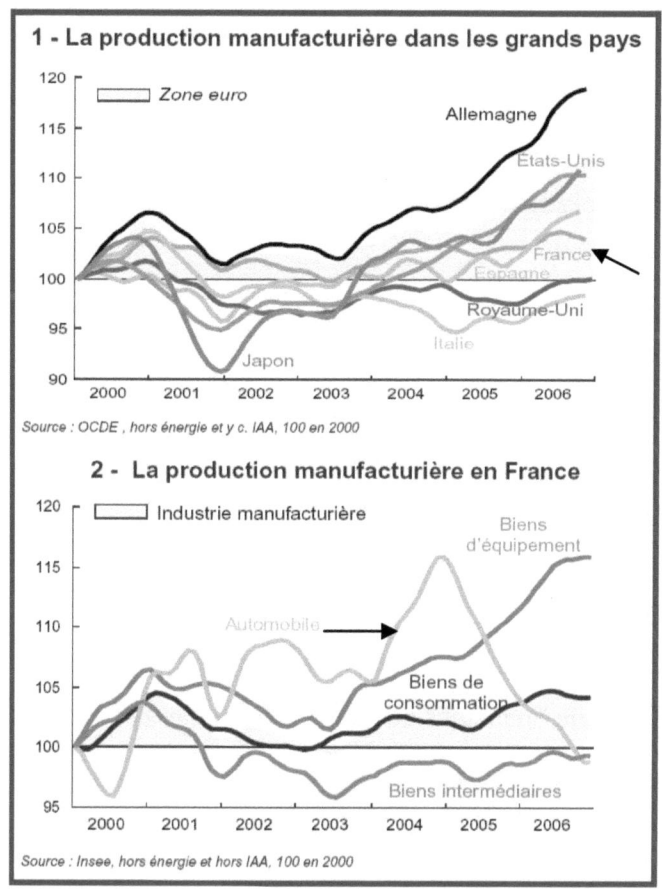

Source : Ministère de l'Économie, des Finances et de l'Industrie. Publication 'Le 4-Pages', Sessi, N° 228 - mars 2007

3.3. La Franche-Comté et l'industrie automobile. La valeur ajouté

La Franche-Comté a l'image d'une région d'industrie traditionnelle. Cette image est encore justifiée aujourd'hui par un poids de l'emploi industriel très supérieur à la moyenne nationale : 32,9% de l'emploi régional contre une moyenne nationale de 22,9%. Il représente en plus 41,5% du PIB régional, de 11,7% supérieur à la moyenne nationale (29,8%).

En termes générales, le poids de ce secteur dans la région réunit à la fois des avantages et inconvénients: avantage car l'industrie automobile joue le rôle de locomotive, mais désavantage ou faiblesse parce que, dès qu'elle montre des signes de ralentissement, une bonne part de l'industrie franc-comtoise en ressent rapidement les effets.

A ce point, on estime nécessaire faire référence à la valeur ajoutée[3] provenant de l'industrie manufacturière et plus spécifiquement l'industrie automobile. En général, la somme des valeurs ajoutées des entreprises d'un pays, à laquelle on rajoute le solde de sa balance extérieure, constitue son PIB. De ce point de vue, on veut considérer ici la valeur nette de la croissance dans les dernières années.

Principaux agrégats relatifs à l'industrie

Unités: G € = milliard d'euros

	Unités	2003	2004	2005
Valeur ajoutée de l'industrie manufacturière	G €	171,7	173,5	172,7
Part de la valeur ajoutée de l'industrie manufacturière rapportée au PIB	%	10,8	10,4	10,1
Valeur ajoutée de la branche "industrie automobile"	G €	16,2	17,4	15,1
Valeur ajoutée de la branche "industrie automobile" rapportée à l'industrie manufacturière	%	9,4	10,0	8,7
Valeur ajoutée de la branche "industries des biens d'équipement"	G €	42,7	41,1	41,0
Valeur ajoutée de la branche "industries des biens intermédiaires"	G €	75,4	77,4	79,5

Source : INSEE. Comptabilité nationale. www.insee.fr

4. La filière automobile Alsace-Franche Comté

La filière automobile réunit toutes les unités de production élaborant ou assemblant les pièces utilisées dans les véhicules automobiles à destination des particuliers ou des professionnels. Pratiquement, elle peut être divisée en trois grands domaines :

- la 'construction' qui produit des véhicules assemblés. C'est le domaine des grands groupes automobiles tels que PSA-Peugeot Citroën en Franche-Comté.

- les 'équipements' concernent les pièces fabriquées pour le compte des constructeurs impliqués dans la conception des véhicules.

---

[3] Valeur Ajoutée = Valeur des biens et services produits – Valeur des consommations intermédiaires.

- les 'autres fournisseurs' de pièces. Ceux-ci ne se trouvent pas en relation directe avec les constructeurs, sauf l'organisation Faurecia Sièges[4]. Il s'agit souvent des sous-traitants des équipementiers.

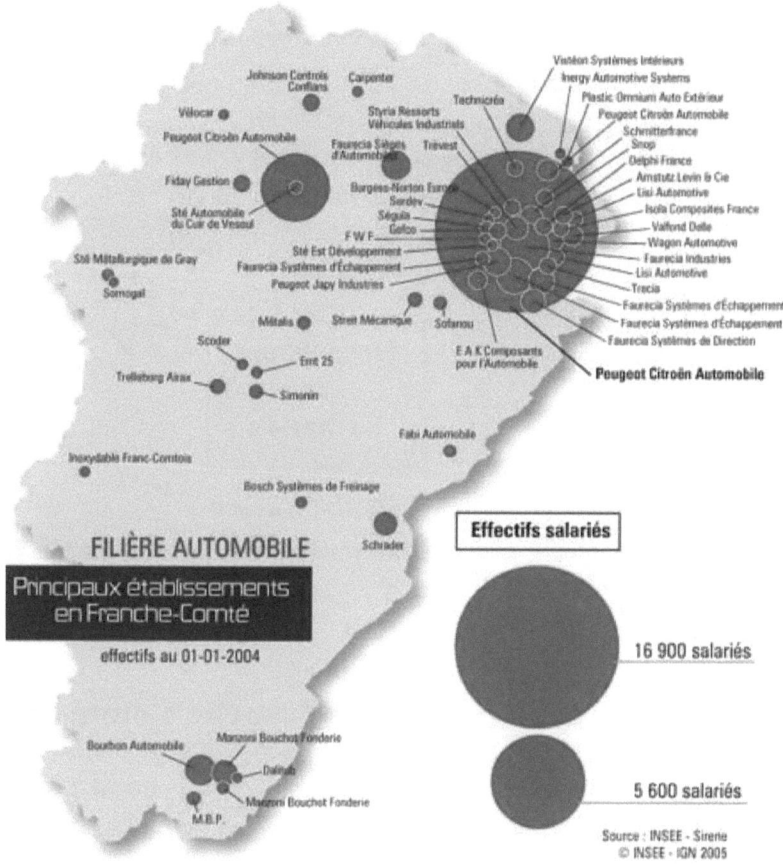

Source : Institut National de la Statistique et des Études Économiques (INSEE).
Franche-Comté -Visage Industriel 2005.
http://www.insee.fr/fr/insee_regions/f-comte/publi/visageindustriel/francais/accueil.htm

4.1. La clé du succès

Dans le cadre d'une coopération public/privé, entrepreneurs, cadres et chercheurs sont mobilisés sur des projets d'innovation qui ont pour but l'efficacité économique des activités liée aux pôles. Les sociétés impliquées connaissent bien les éléments clés de leur succès :

- des partenariats forts entre elles
- la vision internationale

---

[4] Faurecia Sièges, par exemple, fait partie des autres fournisseurs, mais a des relations directes avec PSA-Peugeot Citroën

- une stratégie commune de développement
- la concentration sur des technologies à haut potentiel de marché

 Échanges materiels et immateriels

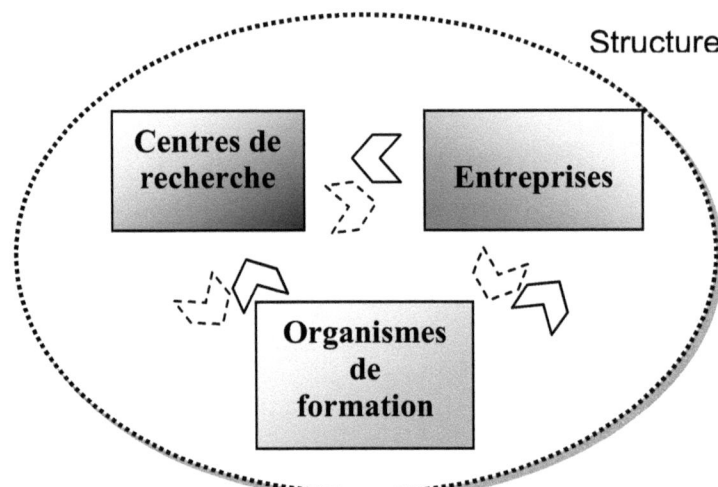

Source : Elaboration propre d'après les informations sur Franche-Comté - Visage Industriel 2005.

4.2. Le pôle de compétitivité Alsace-Franche Comté : le véhicule du futur

«Un pôle de compétitivité est une combinaison, sur un espace géographique donné, d'entreprises, de centres de formation et d'unités de recherche publiques ou privées engagés dans une synergie autour de projets communs au caractère innovant. Ce partenariat s'organise autour d'un marché et d'un domaine technologique et scientifique qui lui est attaché, et doit rechercher une masse critique pour atteindre une compétitivité et une visibilité internationale»[5]

Un pôle de compétitivité peut mieux être compris comme une organisation dans laquelle les meilleurs se rassemblent pour bénéficier

- de soutiens financiers publics
- d'entreprises leaders dans leur domaine
- de chercheurs de haut niveau

Cette synergie s'applique aussi au secteur public car les pôles de compétitivité cherchent aussi à concentrer les efforts de l'Etat et des collectivités locales.

---

[5] Définition donnée par Délégation interministérielle à l'aménagement et à la compétitivité du territoire (DIACT) parue dans 'Les Echos' le 1 novembre 2007

Concernant leur dimension internationale, les pôles facilitent

- l'implantation d'entreprises étrangères qui bénéficieront de cet environnement technologique
- la constitution d'équipes de chercheurs internationaux
- le développement de coopérations (technologiques, etc.) avec des entreprises et centres de recherches de pôles étrangers.

5. Conclusions

Au-delà des éléments conjoncturels, le monde de l'automobile français est confronté à deux défis structurels :

1. Le positionnement désavantageux des marques françaises, qui se traduit par une présence insuffisante sur les marchés émergents et la constante réduction du marché pour les véhicules milieu de gamme. D'une part, on remarque la difficulté de se positionner sur les marchés les plus dynamiques : on compte pour l'Asie avec une croissance de la production de véhicules de 60%[6] d'ici à 2010 contre 5% pour l'Europe centrale. D'autre part, la croissance du segment haut de gamme semble être liée au succès de voitures 4x4 et sportives pour lesquelles l'offre française est presque absente.

2. La faiblesse du marché européen qui signifie le manque d'un réel marché unique ; l'absence d'harmonisation fiscale étant le majeur obstacle à sa réalisation et causant des différences de prix nationaux TTC (toutes taxes comprises). La politique des prix (hors taxes) appliquée par les entreprises promeut des pratiques de rabais qui déstabilisent ou fragmentent le marché en question et réduisent le bénéfice brut.

Par conséquent, le gouvernement français devra repenser sa politique industrielle à fin de favoriser l'attractivité de la France. De même, l'industrie régionale devra continuer à étoffer ses compétences tertiaires. L'insuffisance de l'offre locale de services spécialisés conduit les établissements industriels de la région à rechercher ces compétences en Île-de-France et en Rhône-Alpes.

---

[6] Sénat français. Conclusions de la Commission des Affaires Economiques. Les défis du secteur automobile. http://www.senat.fr/rap/r06-254/r06-254.html

Finalement, on doit considérer que la concurrence mondiale et la délocalisation des productions obligent l'industrie franc-comtoise à s'adapter sans cesse aux nouvelles conditions du marché.

6. Bibliographie

Comité des constructeurs français d'automobiles (CCFA). Statistiques. Faits et chiffres en France, Europe, Dans le monde. Données de septembre 2007. http://www.ccfa.fr/spip.php?rubrique20 . Accès 12.11.2007

Franche-Comté. Direction régionale de l'Industrie de la Recherche et de l'Environnement. Développement industriel: Étude portant sur la filière automobile Alsace Franche-Comté (2006). www.drire.gouv.fr Accès 01.11.2007

Direction Régional de l'Industrie, de la Recherche et de l'Environnement pour l'Alsace. www.alsace.drire.gouv.fr Accès 01.11.2007

Institut National de la Statistique et des Études Économiques (INSEE). Franche-Comté -Visage Industriel 2005. Accès le 17.10.2007 http://www.insee.fr/fr/insee_regions/f-comte/publi/visageindustriel/francais/accueil.htm

INSEE Franche-Comté – l'essentiel nr. 83 – décembre 2005. www.insee.fr/fr/insee_regions/f-comte/rfc/docs/ESS0583.pdf Accès le 18.10.2007

INSEE Franche-Comté – l'essentiel nr. 91 – octobre 2006. www.insee.fr/fr/insee_regions/f-comte/rfc/docs/ESS0691.pdf Accès le 18.10.2007

Les Echos. Véhicule du futur : Alsace, Franche-Comté. Article publié le 12.07.05 http://www.lesechos.fr/poles/articles/200058516.htm . Accès 15.11.2007

Les Echos. Les pôles de compétitivité. Les exemples européens. Article publié le 01.11.2007 http://www.lesechos.fr/poles-competitivite/ex_europe.htm Accès 15.11.2007

Ministère de l'Économie, des Finances et de l'emploi. Statistiques et études industrielles (Sessi). Publication 'Le 4 pages', mars 2007 http://www.industrie.gouv.fr/observat/conjonct/so_note.htm Accès le 20.10.2007

Ministère de l'Économie, des Finances et de l'emploi. Direction régionale du Commerce Extérieur. Franche-Comté. Le commerce extérieur de Franche-Comté en 2006 http://www.missioneco.org/franchecomte/documents.asp?rub=8&F=PDF&IDDocument=1342 76 Accès le 23.10.2007